MW01703597

Características curiosas de las ranas

Sharon Callen

Las ranas tienen sus propias características curiosas.

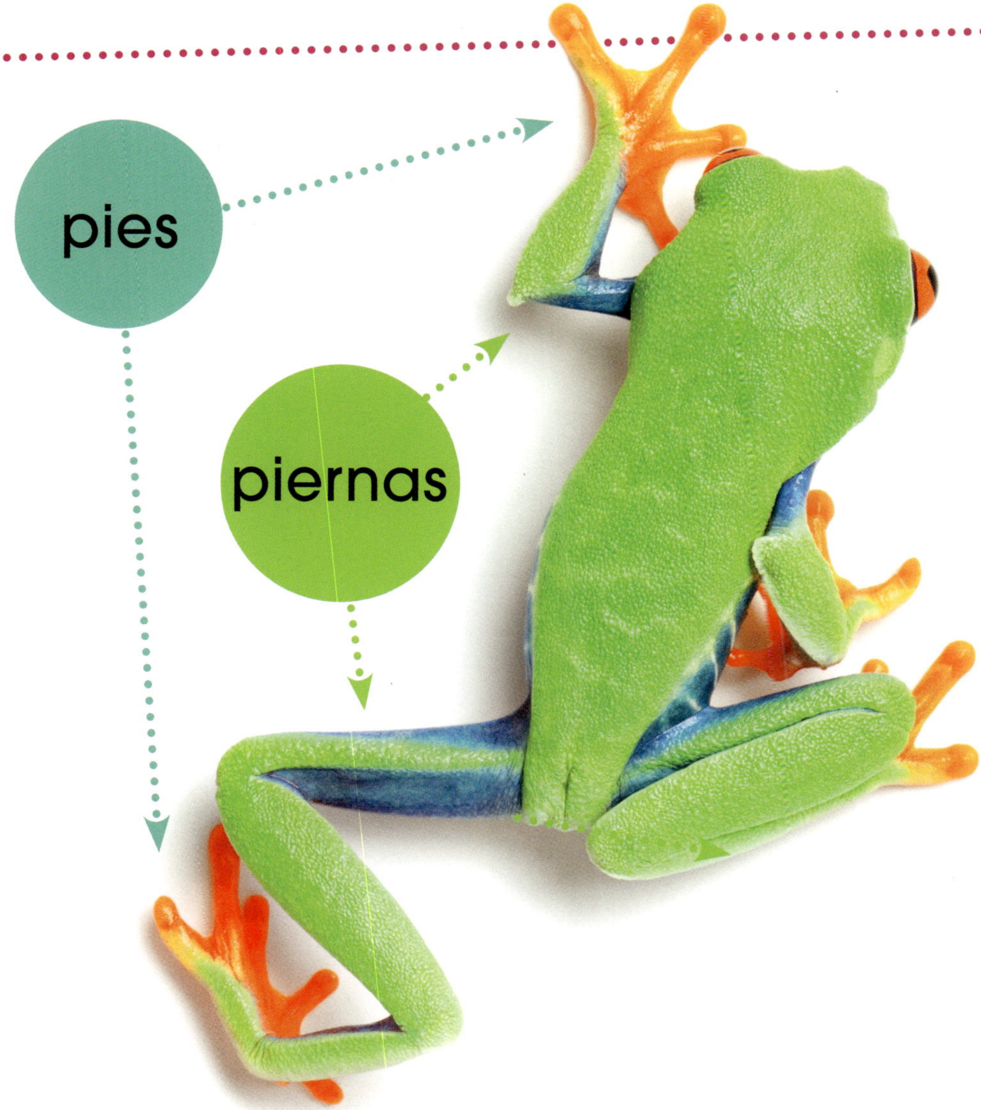

Tienen cuatro piernas fuertes
y cuatro pies palmeados.

Las ranas tienen dos ojos grandes y piel lisa.

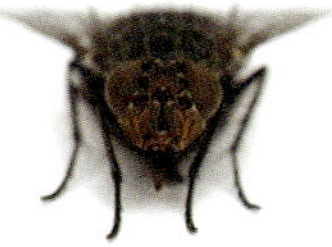

Una rana tiene una lengua larga
y pegajosa.

Las ranas pueden saltar.

Es un hecho

Las ranas pueden saltar más de tres pies.

Características de las ranas

piernas	4
pies	4
lengua	pegajosa
piel	lisa